AF253536

NAPOLÉON III

ET

LA RÉVOLUTION

(PEUPLE ET SOLDAT)

Prix : 75 centimes.

PARIS

Chez M. DUMAINE, éditeur, rue Dauphine, 30

M. LEDOYEN, libraire, galerie d'Orléans

ET CHEZ TOUS LES LIBRAIRES DE PARIS.

1858

NAPOLÉON III

ET

LA RÉVOLUTION

(Peuple et Soldat.)

Les peuples les plus insouciants et les plus enclins à se laisser abuser retrouvent parfois, dans les moments critiques, un instinct merveilleux de leur conservation.

La France, livrée par surprise aux mains d'hommes habiles, peut-être, à manier la parole, mais, à coup sûr, incapables de concevoir et d'agir ; — la France, courbée sous un joug tour à tour odieux et ridicule, se réveille un jour hideusement souillée de sang et de boue.

Malheureux pays !

Il expiait cruellement un moment d'abandon et d'oubli de sa dignité.

Mais c'est assez de honte et de misère.

Il veut sortir à tout prix de cette situation déplorable.

Il est prêt à confier sa destinée au citoyen intègre, au soldat valeureux qui lui tendit la main au milieu du plus grand danger.

La reconnaissance l'ordonne, — tel est, du reste, son désir.

Le moment est venu. — Chacun marche vers l'urne avec l'empressement et la joie d'une détermination bien arrêtée, d'une conscience satisfaite.

Soudain… le doigt de Dieu se manifeste.

Le vent de l'enthousiasme souffle de toutes parts.

Le génie de la France a triomphé !…

> On parlera de sa gloire
> Sous le chaume bien longtemps.

Jamais inspiration ne fût plus heureuse. — C'est peu d'être prince et même souverain. — Il faut un homme pour porter la couronne de Napoléon.

L'élu du peuple est digne, à tous égards, d'achever une œuvre aussi magnifiquement conçue que glorieusement entreprise.

Déjà la France a retrouvé toute son énergie et sa fierté, elle ne tardera pas à reconquérir sa gloire presque effacée.

Le jour du triomphe se lève radieux pour tous : — pour Napoléon qui l'a si habilement amené, — pour la grande nation ivre d'orgueil d'avoir enfin pu venger son honneur si longtemps humilié, — pour l'armée... Mais n'est-il pas imprudent d'évoquer, en temps ordinaire, un nom dont le prestige s'éteint d'autant plus rapidement qu'il a brillé d'un plus vif éclat?

L'armée française est la seule, peut-être, qui sorte réellement du peuple pour y rentrer après avoir accompli le plus saint des devoirs; — elle est pourtant la plus impopulaire de toutes et, par suite, la moins favorisée.

Pourquoi? Parce que le vrai peuple ne fait entendre sa voix que dans les circonstances solennelles et qu'il subit volontiers la tyrannie tracassière d'une bande de séditieux à gages toujours prêts à surprendre sa bonne foi, — naguère, promeneurs de cadavres et barricadeurs jusqu'à la poudre ; aujourd'hui, prépareurs de guet-àpens et fanfarons d'assassinat.

Est-il donc surprenant que ces éternelles victimes du code pénal et toute cette race maudite de Caïn envieux et révolté regardent en pitié le peuple qui travaille et ne trouvent pas assez de mépris pour en accabler le soldat qui sait déployer sur le champ de bataille leur patriotisme de tripot!

Un peuple peut, sans honte, être dupe de ses généreux instincts et croire à la vertu d'habiles histrions; mais il est une influence dont le souvenir sera toujours une profonde humiliation pour le peuple français. — Celle de Joseph Prud'homme, cette triviale et verbeuse incarnation de la sottise, ce trembleur niais et ridicule, toujours rebelle à qui le protége et très-humble valet de qui cause sa frayeur.

On prétend que le ridicule était autrefois mortel en France; il doit sauver aujourd'hui, puisque ce personnage grotesque a pu résister au mépris de tous et continuer à semer sourdement une discorde dont sa prudence lui permet toujours d'éviter les dangers.

Eunuque social, — il écrase de ses dédains le peuple qui produit.

Héros d'arrière-boutique, — il ne pardonnera jamais au soldat de prouver qu'on peut rencontrer l'ennemi sur un autre terrain.

N'est-il pas pitoyable de voir le peuple spirituel, élégant et brave, par excellence, subir ainsi la loi de poltrons émerites, redouter la férule de pédans ennuyeux et grossiers et s'associer, par moments, aux sinistres projets de quelques misérables abrutis par la débauche et salis par le crime !

Par quel étrange et détestable sentiment de fausse honte n'ose-t-il pas témoigner hautement toute sa sympathie pour ceux qui font sa joie, son orgueil et sa prospérité ?

Pourquoi n'agirait-il pas à l'égard de l'armée comme il l'a fait déjà pour Napoléon, dont la sollicitude et le dévouement inépuisables l'ont profondément touché ?

Le soldat n'a-t-il pas bien compris cette idée si vaste en ses desseins. — N'a-t-il pas marché vaillamment dans la voie tracée par la main puissante de ce génie créateur ?

Qui donc oserait le contester aujourd'hui !

Rien n'a pu résister à l'impétuosité de son élan, — à cette furie qui jette le désordre et la consternation dans les rangs des plus intrépides.

La victoire partout a suivi ses pas.

Il revient.... celui qui devait revenir !

Enfin il va jouir de son triomphe au milieu des siens.

Tous les bras sont tendus pour le recevoir, — toutes les voix l'appellent, — tous les cœurs s'épanouissent à son approche.

Honneur et longue joie pour tous !

Consolation aux mutilés !

Souvenir éternel aux absents !...

Hélas!... à peine au lendemain, la dent impitoyable de la haine avait déjà pu mordre; — le souffle empoisonné de l'envie avait tout terni.

Le héros adulé, glorieux et triomphant était redevenu le :

« Vil suppôt gorgé d'or par le tyran. »

Vil suppôt... soit!

Qu'importe le nom à qui sait toujours l'ennoblir?

Quant à l'or dont il est gorgé...!

Que ceux qui ne reculent pas devant le cynisme d'un tel reproche consultent les fosses criméennes...!

Ils sauront combien de vainqueurs de l'Alma, d'Inkermann, de Tracktir et de Malakoff, après avoir pu courir sus à l'ennemi retrouvaient à peine assez de forces pour revenir expirer au milieu de leur triomphe, exténués par de longues et cruelles privations.

Qu'on demande à la veuve de l'officier tué sur le champ de bataille où mort de misère pour n'avoir pas voulu priver ses enfants de leur pain quotidien; — qu'on lui demande où elle serait aujourd'hui sans la sollicitude particulière de l'Empereur...!

Et la pauvre orpheline!...

Mais..........! l'ambition satisfaite, — les honneurs, — la gloire !

La gloire... mot sublime ! — principe de tant de nobles entreprises et de si grandes choses, — ombre ou réalité, — Salut...

Le premier roi fut un soldat heureux.

Le premier Napoléon un soldat glorieux.

Gloire oblige plus que bonheur.

Aussi jamais roi n'a pu prétendre à la grandeur personnelle de Napoléon III, — à cette élévation de sentiments, — à cette profondeur de vues en ce qui concerne le présent et l'avenir, — à ce courage chevaleresque que rien ne saurait troubler et qui fait frissonner d'admiration tout ce qui porte un cœur digne de le comprendre.

Sous une telle influence le soldat devait atteindre au plus haut degré de l'abnégation et du courage, — car si la gloire est sa première aspiration, son dernier mot est devoir.

Quant à l'ambition...! elle ne doit plus être qu'un vain mot pour lui.

Autrefois le guerrier pouvait seul prétendre à ses faveurs.

A lui les titres et les fiefs !

A lui tous les honneurs !

A sa postérité, l'avenir.....!

Naguère encore il pouvait espérer quelques distinctions.

Aujourd'hui le veau d'or a tout envahi.

La bourse...! voilà le vrai temple de l'ambition! La hausse y est rapide et brillante, — la chûte amortie par une épaisse litière d'honneurs mutilés, de consciences étouffées.

La boutique, plus modeste, marche en sûreté sous l'égide complaisante d'une liberté qui lui permet d'exploiter, à sa fantaisie, tous les degrés d'ingénuité, de négligence et de bonne foi.

Il en sortira bientôt un arrogant blason qui chaussera l'étrier et fera résonner, sous le sabot impertinent de son coursier d'Albion ou d'Arabie, le terrain soigneusement arrosé du bois et de Longchamps.

Le fils du soldat,— du plus grand comme du plus humble, trouve inévitablement le néant dans l'héritage paternel et la plus désolante des misères au fond de la reconnaissance de la patrie.

Même parmi les descendants des plus illustres et des plus favorisés du premier empire, combien ont pu porter convenablement le nom de leur père! Si ce n'est en traînant, comme nous tous, leur dénuement à travers les sables brûlants de l'Al-gérie et dans les abattoirs de la Crimée.

BIBLIOTHÈQUE IMPÉRIALE

Qu'importe, du reste ! laissons l'enfant porter la peine de l'erreur paternelle, — tant pis pour qui s'est fait illusion !—

Est-ce à dire qu'on doive abandonner également celui qui n'eut jamais d'autres mobiles que le sort et le devoir,—d'autre perspective que l'oubli, la mutilation ou la mort; — le travailleur, ouvrier ou paysan, qu'on enlève à ses occupations durant les années les plus précieuses de son existence et qui, de retour au foyer, après avoir vaillamment combattu pour son pays, ne trouvera de ressources que dans les humiliations de la domesticité.

Les philantropes abondent, il y en a pour les nègres, pour les forçats, pour toutes les monstruosités physiques et morales, — pas un ne daignerait s'occuper, si ce n'est pour l'écraser, du pauvre soldat, — et nous entendons ici le plus humble de tous, —celui dont la bayonnette vient encore d'appuyer éloquemment cette parole de l'Évangile :

« Les derniers seront les premiers. »

Celui qui, malgré tout, continue peut-être, aux yeux de quelques-uns, à donner prise au ridicule, — mais dont nous ne rions pas,—nous qui le voyons encore, dans nos souvenirs, porter avec aisance et fierté de glorieux haillons et déployer, en toutes circonstances, au milieu des plus grands périls comme devant les maux les plus terribles et la mort la plus hideuse, cette insouciante gaieté, cette sagacité merveilleuse, cette promptitude d'inspiration et d'initiative qui constituent le caractère et le génie particuliers du peuple français.

Non!... nous ne rirons jamais de celui que nous avons toujours vu le premier et le plus solide sur la brèche; mais nous ferons encore entendre, avec un suprême orgueil, ce cri d'enthousiasme de nos alliés à l'Alma, Inkermann et Malakoff:

Hurrah! pour le soldat de la France — le premier soldat du monde.

1815   A la faveur d'une horrible et funeste catastrophe, les marchands avaient encore une fois envahi le temple,— souillé ses autels et répandu partout le germe de la décadence.

La nation gémissait accablée sous le poids d'un outrage qui semblait irréparable.

L'armée baffouée subissait toutes les humiliations.

Les partis se succédaient au pouvoir ne consultant, pour l'accepter ou le prendre, que leur empressement ou leur présomptueuse vanité.

Le peuple attendait indifférent et dédaigneux.

Il n'avait pas oublié le compagnon de sa plus grande gloire, le martyr sublime d'une cause héroïque, dont le désastre même est encore un triomphe et sera pour l'histoire un précieux enseignement, en même temps que le témoignage éclatant d'une fidélité supérieure à tous les revers et même à la mort.

En effet, le jour où l'héritier de Napoléon a pris en main le drapeau de l'honneur national, — le jour où la France a tiré l'épée, — le peuple entier est debout prêt à tenir la place du soldat qui tombe en préparant, dans une nouvelle gloire, la prospérité de l'avenir.

Seuls, quelques hommes sans courage et sans dignité, supputent déjà ce qu'il leur en coûtera d'écus à défaut de sang.

Qu'elle est donc cette race timide et vénale qui se cache ainsi derrière un nom que d'autres ont fait si grand qu'elle cherche en vain à le déshonorer?

C'est la même qui, toujours envieuse et tracassière, ne cesse d'appeler de ses vœux ces odieux conflits, devant lesquels elle tremble et s'empresse de fuir, pour pouvoir, après coup, en tirer tous les profits.

Les invasions nous ont légué cette digne postérité des cupides exploiteurs qu'elles traînent toujours à leur suite, et qui viennent s'abattre sur les dépouilles des survivants, comme les oiseaux de proie sur les cadavres du champ de bataille.

Depuis, une déplorable tendance et l'appât du gain facile entraînent, chaque jour, ceux à qui manquent le bon vouloir et le courage nécessaires pour tenir la charrue, l'outil ou le mousquet et qui n'hésitent pas à réduire l'infirme à la besace et la femme au trottoir, en usurpant leur place à la boutique.

Voilà pourtant!... à moins qu'on n'y mette ordre, — les aïeux honorés des patriciens à venir, qui pourront, sans scrupule, éclabousser les fils d'ancêtres assez naïfs pour tenter de s'élever en prodiguant leurs sueurs et leur sang pour servir la patrie.

Lorsque la France eut, par droit de conquête, remplacé la Gaule, vainqueur et vaincu se mirent à travailler, — l'un à la prospérité, l'autre à la gloire de la nouvelle nation, tandis que leur parasite battait monnaie aux dépens de leur inexpérience.

Cependant le Gaulois avait toujours été surpris dans une fâcheuse désunion plutôt que réellement défait, — tout aussi fier, actif, et peut-être plus intelligent que le Franc, il aspira bientôt à partager ses dangers, se souvint ensuite de sa splendeur éteinte et, finalement, dût songer à la reconquérir.

Mais ses généreux efforts et sa courageuse rivalité portèrent toujours ombrage et le firent tenir en un si grand mépris, qu'un jour, après avoir subi patiemment les lois rigoureuses de la guerre d'une époque barbare, après avoir vainement attendu, plusieurs siècles durant, une juste réhabilitation, il se décide enfin, pour secouer le joug, à seconder des projets qui répugnaient à sa loyauté.

1789   Le succès ne pouvait être douteux.

Chacun en profita suivant ses principes et ses instincts, et tandis que les uns volaient bravement à l'encontre de l'ennemi, les autres, restés prudemment en arrière, suspectaient, égorgeaient à plaisir et traînaient ignominieusement dans la boue les lauriers cueillis à la frontière.

L'homme qui sait placer toute sa confiance en Dieu, son droit, ses forces et son courage, est parfois imprévoyant; — celui qui n'a conscience que de sa faiblesse et de sa couardise, est âpre à la curée, s'y complaît, en profite et n'aspire qu'à garder.

Aussi la cause des bourreaux devait-elle l'emporter sur celle de l'héroïsme, — la basse et cruelle envie sur la noble et généreuse émulation, jusqu'à l'apparition d'un homme auquel on n'a peut-être pas encore assigné de place convenable dans l'humanité, — mais qui semble, comme le Christ, un rayon émané de l'essence divine pour nous éclairer et rétablir les vrais principes.

Il est venu dire à tous :

Aux arts, à la science, à l'industrie : — travaillez et vous aurez.

Au commerce, à l'entreprise, à la fortune : — Soyez utiles aux autres en même temps qu'à vous-mêmes, — rendez au travailleur ce qu'il vous a donné, — que votre luxe éteigne sa misère, tout en contribuant à la grandeur du pays, et vous serez récompensés.

A l'artisan, au laboureur, à tous les infimes, il a dit :

Envoyez-moi vos fils, — qu'ils viennent montrer leur vaillance à l'Europe étonnée, — qu'ils se fassent nobles, illustres !

Je les ferai grands parmi les grands...

Je les ferai rois !...

Voilà l'œuvre des Napoléon !

C'est la révolution dans toute sa vérité, sa splendeur et sa magnificence, — la révolution du travail et de l'intelligence, du courage et de l'honneur, — la seule enfin à laquelle un grand et noble peuple ait jamais voulu sacrifier, et non pas à cette triste parodie qui mène droit à la honte et à la décadence, et que ses apôtres eux-mêmes n'osent pas définir comme ils l'entendent de peur de n'avoir à leur suite que les poltrons, les inutiles et tous ceux qui prétendent que la France n'aime pas sa gloire.

La France n'aime pas sa gloire !

Que signifient donc ces millions de voix jetées spontanément à la face de la plus formidable des coalitions, dont l'acharnement a pu tuer un homme, mais non pas déraciner son idée qui nous apparaît plus resplendissante que jamais, — car aujourd'hui comme alors, le peuple français est le soldat des peuples et Napoléon le premier soldat de la France !

CAPITAINE LE LUYER.

Paris.—Imp. Preve et Cie, r. J.-J.-Rousseau 15

www.ingramcontent.com/pod-product-compliance
Lightning Source LLC
Chambersburg PA
CBHW051447060726
47596CB00006B/2664